LA FOLIE DU NAZISME

L'idéologie totalitaire qui a mené à la Shoah

Par Justine Dutertre
Sous la direction de Céline Rase

50MINUTES.fr

LE NAZISME, L'IDÉOLOGIE TOTALITAIRE QUI A MENÉ À LA SHOAH

- **Fondation du parti politique ?** Le 8 août 1920 sous son nom officiel *Nazionalsozialistische Deutsche Arbeiter Partei* (NSDAP), à Munich, en Allemagne. Il préexistait sous le nom de *Deutsche Arbeiter Partei* (DAP) depuis janvier 1919.
- **Personnalités emblématiques ?**
  - Anton Drexler (1884-1942) : fondateur de l'« embryon » du parti nazi, le DAP (Parti ouvrier allemand), et premier président du NSDAP.
  - Adolf Hitler (1889-1945) : chef du parti nazi dès 1921, dirigeant de l'Allemagne à partir de janvier 1933 avec les titres de chancelier puis de *Führer* (« guide »).
  - Heinrich Himmler (1900-1945) : ministre de l'Intérieur sous le Troisième Reich, il est aussi le chef des SS, la garde personnelle d'Hitler. Il met en œuvre la « solution finale » ou l'extermination des Juifs d'Europe.
  - Joseph Goebbels (1897-1945) : ministre de l'Éducation du Peuple et de la Propagande, il est l'un des plus puissants dignitaires du régime nazi.
  - Adolf Eichmann (1906-1962) : officier SS et haut fonctionnaire du Troisième Reich, il est l'un des principaux acteurs de la logistique de la « solution finale ».
  - Klaus Barbie (1913-1991) : officier SS, membre de la Gestapo et responsable de la déportation de nombreuses personnes dès le début de la guerre. En 1942,

il est promu chef de la Gestapo de Lyon, une fonction qui lui vaudra le surnom de « boucher de Lyon ».

- **Notions-clés ?**
    - Régime totalitaire : le NSDAP est le seul parti politique autorisé sous l'Allemagne nazie.
    - Idéologie raciste, antisémite, ultranationaliste d'extrême-droite, débouchant sur la mise en place du plus important génocide du XXe siècle.
    - Encadrement des adhérents dès leur prime enfance, à travers des mouvements tels que les Jeunesses hitlériennes et des organisations militaires et paramilitaires.

Courant politique contesté s'il en est, le nazisme évoque à tout jamais la folie meurtrière et la monstruosité destructrice d'une idéologie profondément raciste et antisémite. De ce mouvement politique allemand, l'Histoire retient surtout son principal acteur, Adolf Hitler, et son parti unique, instrument avec lequel il met en œuvre ses idéaux ultranationalistes : le NSDAP, ou « Parti national-socialiste des travailleurs allemands ».

À partir de 1918, dans l'Europe de l'entre-deux-guerres, des leaders charismatiques séduisent les foules affaiblies. Les mouvements politiques flirtent avec les extrêmes : fascisme dans l'Italie mussolinienne, communisme radical dans la Russie léniniste puis stalinienne... Dans une Allemagne meurtrie par la défaite de 1918, humiliée jusque dans sa chair par le traité de Versailles, la brèche est ouverte pour que s'engouffrent les idées les plus révolutionnaires, les plus agitatrices. Les Allemands ont besoin d'espoir, de changements sociaux et de stabilité économique, et le Parti ouvrier allemand (DAP, bientôt qualifié de « national-socialiste ») promet de les leur apporter. Du neuf et du frais, un passé humiliant jeté aux orties, voilà les promesses scandées au peuple allemand.

Portée par des écrits sans équivoque, la doctrine nationale-socialiste puise ses ressources dans l'esprit destructeur et vindicatif de ses leaders, au service de la volonté d'une race « pure », d'une nation uniforme, d'une politique qui tient lieu de religion.

Le nazisme, folie des hommes poussée à son paroxysme, désir de grandeur et de pleine puissance, ne laissera finalement comme triste bilan que l'horreur du plus terrible génocide du XXᵉ siècle.

L'IDÉOLOGIE DU NAZISME

UN IDÉAL TOTALITAIRE

Hitler, chancelier de la République de Weimar, s'adresse au *Reichstag*, l'assemblée législative allemande, le 23 mars 1933. Lors de cette session, il fait voter la loi d'habilitation, ou loi des pleins pouvoirs, par laquelle il peut désormais promulguer des textes législatifs sans passer par l'approbation du *Reichstag*.

L'objectif premier du nazisme, qui fait toute sa spécificité, est avant tout de devenir un régime totalitaire, c'est-à-dire capable d'encadrer et contrôler totalement le peuple allemand dans ses actes comme dans ses pensées. Les masses doivent impérativement se conformer aux principes voulus par le régime :

- une dévotion sans bornes au parti unique ;
- l'épuration de la population de toutes les catégories de personnes jugées impures (Tziganes, Juifs, Slaves, Noirs, handicapés mentaux et physiques, homosexuels, opposants politiques) ;
- une opposition très forte au christianisme, le parti s'imposant comme la nouvelle « religion d'État ».

Un idéal totalitaire défini, en somme, par la volonté de création d'un peuple parfait, au-dessus de tout autre, voué à perdurer dans le futur par ses capacités supérieures. Enfin, l'idée très forte d'un « espace vital » (*Liebensbraum*) allemand, propice à l'expansion du territoire, doit conduire à la colonisation des terres d'Europe de l'Est.

LA VOLONTÉ DE CRÉER UNE « RACE PURE »

Le principe même du régime nazi tel qu'il a été voulu par ses dirigeants, notamment par Adolf Hitler, repose sur l'idée d'une nation allemande « pure », c'est-à-dire débarrassée de tout individu considéré comme impropre à contribuer à l'épanouissement de la Patrie. Très tôt, le futur dictateur a exprimé ses idéaux raciaux dans un ouvrage édifiant, *Mein Kampf* (« Mon Combat »), rédigé en 1924, alors qu'il croupissait en prison suite à l'échec de sa tentative de prendre le pouvoir lors du putsch de Munich (8 novembre 1923). Hitler y expose sa conception de la race parfaite, la race aryenne, supérieure en termes de capacités intellectuelles et d'apparence physique, dévouée corps et âme à la Nation. Il emprunte aux théories pseudomédicales en vogue depuis la fin du XIXe siècle une classification des races humaines, admettant une hiérarchie entre les « bonnes races » et les autres, celles destinées à être éduquées (les Latins...), réduites en esclavage (les Noirs notamment) ou tout simplement exterminées (les Juifs et les Tziganes). Hitler est catégorique : l'Aryen type doit être blanc de peau, posséder des traits de visage fins (physionomie nordique), avoir une stature sportive et n'être diminué par aucun handicap physique ou mental. De son apparence doit se dégager une impression de force et de santé, la *Mannesideal* (idéal de virilité).

À partir de 1933 et de l'avènement du Troisième Reich, cet aspect éminemment raciste de l'idéologie nazie est systématiquement inculqué aux petits Allemands. À l'école, les manuels scolaires relaient des caricatures grossières pour apprendre à distinguer les « bons Aryens » des physiques prétendument disgracieux des populations noires, juives et maghrébines. À l'appui de tableaux de mesures morphologiques, les élèves mesurent la longueur du nez ou l'écart entre les yeux de leurs camarades de classe : argument « scientifique » pour confirmer la théorie.

La croyance en une race germanique supérieure, et l'impératif de la préserver des mixités et du métissage, fondent la prétention du régime nazi à éradiquer des catégories entières de la population.

LES *LEBENSBORN*, POUPONNIÈRES DU RÉGIME

Entre 1935 et 1945, dans le cadre de sa politique d'eugénisme, le régime met en place des sortes de viviers destinés à « produire » des enfants de pure race aryenne. Souvent issus de l'union consentie de soldats allemands SS avec des femmes germaniques considérées comme pures racialement, les nouveau-nés sont élevés par des infirmières avant d'être placés dans des familles triées sur le volet.

On estime qu'entre 9 000 et 12 000 enfants sont nés dans la trentaine de *Lebensborn* recensés en Allemagne, France, Norvège, Pologne, Autriche, Belgique et Pays-Bas.

L'ANTISÉMITISME

Le Juif est le bouc-émissaire par excellence du nazisme. La haine d'Adolf Hitler pour la communauté juive remonte à la Première Guerre mondiale : il tient ses supérieurs militaires, juifs, pour responsables de la défaite. De là part son obsession pour les Israélites, systématiquement qualifiés de manipulateurs, corrupteurs et menteurs. Accusés de vouloir contrôler le monde par le biais d'un vaste complot qui allierait monopole sur la presse et les finances mondiales, capitalisme et démocratie, les Juifs sont présentés comme la gangrène du peuple aryen. Le parti nazi, une fois à la tête de l'Allemagne, se donne donc pour mission de se débarrasser, ni plus ni moins, du « problème juif ».

Cette ambition, toujours soutenue par des théories pseudoscientifiques, s'épanouit dans la diffusion d'une intense propagande : affiches, cartes postales, dessins et films caricaturent un Juif, tantôt diable, tantôt vampire, toujours vil et profiteur, et déformé par un nez crochu. Cette campagne aboutit au développement progressif d'une législation antisémite œuvrant à isoler les Israélites de la société allemande. Boycotts économiques, pertes des droits civils et politiques, humiliations et violences poussent des milliers de Juifs à quitter l'Allemagne d'Hitler dès avant la guerre. En 1942, nombre d'entre eux sont rattrapés par la « solution finale » entreprise à l'échelle européenne.

Le nazisme s'appuie sur des validations « scientifiques » pour légitimer sa théorie du classement des races, enseignées dans les facultés universitaires. Il s'inspire notamment des travaux de Joseph Arthur de Gobineau (diplomate et écrivain français, 1816-1882) et de Houston Stewart Chamberlain (écrivain allemand d'origine britannique, 1855-1927) qui donnent aux théories évolutionnistes de Charles Darwin (naturaliste britannique, 1809-1882) une dimension nationaliste.

ANTICHRISTIANISME, ANTICAPITALISME ET ANTICOMMUNISME

Une autre caractéristique de l'idéologie nazie est sa violente opposition aux autres formes de pensée, qu'elles soient politiques, sociales ou religieuses. Le régime s'arroge par conséquent la mission d'éliminer tout ce qui ne concorderait pas avec sa propre conception du monde et de la race.

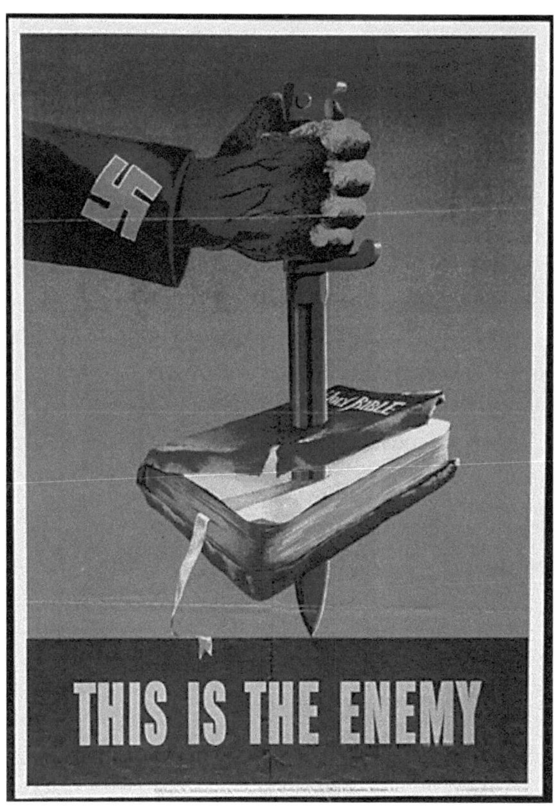

Affiche de propagande antichristianisme.

Il en va ainsi du christianisme. Issue du judaïsme, la religion chrétienne a en outre le tort d'entretenir un rapport honteux au corps et à la sexualité. Pour le régime nazi, qui célèbre un discours eugéniste appuyé sur des théories médicales, reproductives et scientifiques, le christianisme pose une entrave à l'objectif de survie de la race.

Le capitalisme est également âprement combattu. Prétendument aux mains des Juifs, qui s'en serviraient pour contrôler et asservir le monde, le capitalisme a ceci de particulier qu'il prône la réussite personnelle, un objectif incompatible avec l'idéal dit « socialiste » du régime hitlérien : une collectivité dévouée à sa patrie. La doctrine nazie n'a pour autant rien de commun avec le communisme : elle s'oppose au principe de l'égalité entre les hommes là où le marxisme cherche à supprimer les différences de classes sociales. En fait, « le national-socialisme » est une appellation floue qui permet aux théoriciens nazis de récupérer la popularité du mot « socialisme », de proclamer un « bien commun », tout en assurant la suprématie de la Nation. Le terme « nationaliste » pourrait suffire à définir la plus grande partie du régime nazi.

COHÉSION DES MASSES ET DISCOURS SÉDUISANTS

Les dirigeants du régime nazi ont très vite compris que l'esprit de cohésion leur permettait de mobiliser les foules à leur gré. Les grands meeting populaires organisés à la gloire du parti (tels que le congrès de Nuremberg, le rassemblement annuel du NSDAP) sont donc autant d'occasions de rassembler la foule en une seule et même voix.

Congrès de Nuremberg, 1934.

La perfection aryenne voulue par le régime ne s'arrête en fait pas à la perfection physionomique : le dévouement à la Nation est également un élément indispensable. L'Aryen modèle doit posséder la vertu de l'altruisme, travailler et œuvrer en tout, non pour son bien propre, mais pour l'ensemble de son peuple, pour la *Volksgemeinschaft* (communauté populaire). Le nazisme se caractérise par une négation de l'individu au profit de la masse, qui doit être cadrée dans un esprit cohésif.

Adolf Hitler, indéniablement reconnu comme étant un brillant orateur capable de produire les discours les plus persuasifs, réussit à la perfection à diffuser l'idéologie de son parti par l'émulation qu'il crée lors de ses apparitions publiques.

Il sait pertinemment que deux facteurs jouent en sa faveur : la capacité à produire un discours séduisant, au travers d'une attitude qui se veut dynamique et extrêmement charismatique, et l'effet de groupe, c'est-à-dire la stimulation et le dynamisme engendrés par le fait de se sentir unis dans une foule. Hitler ne parle pas, il éructe littéralement, jusqu'à tomber parfois en transe sous son propre effet ; aujourd'hui encore, il est un personnage bien souvent caricaturé au travers du cinéma ou de la télévision pour sa façon galvanisante de parler.

Un étonnant paradoxe

Hitler a une peur bleue de parler à la radio. Dans un studio, sans audience pour l'applaudir fanatiquement, il n'a plus rien de l'orateur charismatique qu'il est face au public.

La radio étant un moyen de propagande essentiel pendant « la guerre des ondes », le ministre Joseph Goebbels, responsable de la propagande, contourne ce handicap en organisant des cérémonies publiques afin

L'individu est emporté par la gestuelle imposée et les slogans qui s'élèvent d'une seule voix. Hitler a en effet imposé tout un cérémonial bien défini à son peuple : le salut nazi notamment, resté tristement célèbre, bras et main droits tendus vers le ciel. Un geste qui n'est pas anodin pour le *Führer* : il est issu du salut aux empereurs romain et, avant de devenir le signe de son parti, il était plus généralement connu comme salut fasciste. Hitler l'a repris à son compte en y ajoutant le slogan imposé *Heil Hitler*, que l'on peut traduire par « Vive Hitler ».

Ces cérémonies nazies, se déroulant à la manière d'un rite religieux, sont une démonstration spectaculaire de la puissance du régime et participent à la création d'un culte du *Führer*.

LES JEUNESSES HITLÉRIENNES

Dans son œuvre d'endoctrinement, l'État nazi cherche à s'approprier l'éducation de la jeunesse allemande. Après avoir réorganisé l'enseignement, il promeut un mouvement de jeunesse nazi : la *Hitlerjugend* ou « Jeunesses hitlériennes ».

Le mouvement, fondé en 1926 à l'initiative de Baldur von Schirach (1907-1974) qui en est le chef, se substitue en 1933 aux autres associations de jeunesse. En 1936, l'inscription aux Jeunesses hitlériennes devient obligatoire. Sorte de camp de vacances et d'« école du samedi », le mouvement forme les petits Aryens en leur imposant (sous couvert de « proposition ») un vaste programme à visée éducative. Il s'organise selon différentes catégories de sexes et d'âges : dès leurs 10 ans, les garçons apprennent à devenir de bons soldats destinés à gonfler les rangs de l'armée au sein du *Deutsche Jungvolk* (« jeunesse allemande ») ; ils intègrent la *Hitlerjugend* à 14 ans. Les filles sont quant à elles accueillies au sein de la *Jungmädelbund* (« ligue des fillettes »), où elles s'imprègnent du rôle de mère et d'épouse modèle, avant de rejoindre la *Bund Deutscher Mädel* (« ligue des jeunes filles allemandes »).

Membres de la *Bund Deutscher Mädel* faisant de la gymnastique, 1941.

L'objectif est de soustraire les enfants à l'influence de leur famille pour mieux leur injecter les idéaux nationaux-socialistes : éloge de la force, culte du corps, discipline et militarisation. Selon les principes du parti, l'antisémitisme et la fidélité au *Führer* y sont notamment enseignés, avec un fanatisme tel que certains jeunes vont jusqu'à dénoncer leurs proches, voire leurs parents, si ces derniers s'opposent au régime.

UN ENDOCTRINEMENT DE MASSE

Les Jeunesses hitlériennes ont contribué à enrôler un nombre impressionnant de jeunes gens : fin 1938, ce ne sont pas moins de 7 728 259 enfants qui participent à ces organisations. Nombre d'entre eux trouvent ensuite du travail en tant que soldats pour les garçons, et bien souvent dans les usines ou les hôpitaux pour les filles.

LA PROPAGANDE AU SERVICE DU PARTI

Le régime nazi a fait de la propagande une arme véritable pour conquérir les masses en mobilisant tous les supports : la presse, la radio, l'affiche, le film, l'art, etc. L'enjeu est de séduire toutes les couches de la population, par des moyens à la fois simples et d'une grande efficacité. Globalement, la rhétorique propagandiste se cristallise autour de deux grands messages : la promotion de la supériorité aryenne et la dévalorisation des adversaires idéologiques, politiques et militaires. L'iconographie est particulièrement utilisée. Les affiches sont nombreuses et visuellement très fortes. Les unes sont construites autour d'un modèle de perfection : l'homme nouveau, idéal aryen, est représenté au sein de sa famille, pour « inspirer » la population.

Affiche de propagande nazie, 1938 : « Le NSDAP veille sur la communauté du peuple. Camarades, si vous avez besoin de conseils ou d'aide, tournez-vous vers la branche locale du parti. »

Certaines participent au culte de la personnalité du *Führer*, le figurant sous une forme très protectrice, bienveillant « père de la Nation » qui pose un regard confiant sur les jeunes Allemands ou sur le peuple en général. D'autres affiches cherchent plutôt à insuffler la haine à grand renfort de caricatures grotesques et terrifiantes de la figure juive, bolchevique ou britannique. Des slogans forts accompagnent souvent cette iconographie persuasive, tels que *Ein Kampf, Ein Sieg* (« Un combat, une victoire »).

Parmi les ouvrages de propagande, l'incontournable *Mein Kampf* d'Adolf Hitler est offert comme cadeau de mariage de l'État aux jeunes couples allemands à partir de 1936. Les cinémas projettent des films financés par le régime, tel *Olympia* de Leni Riefenstahl (traduit en français sous le titre *Les Dieux du Stade*) qui fait l'apologie des athlètes allemands, ou encore des documentaires antisémites (*Le Juif Süss*), anglophobes (*Le Président Krüger*) ou prônant l'euthanasie des handicapés (*L'Héritage*). La radio, muselée par le pouvoir, susurre également des billets de propagande entre un concert de Wagner et une émission de jazz. Elle fait la part belle aux « cérémonies nazies » qui façonnent encore le culte de la personnalité, élément notoire qui impose le chef du régime comme idole unique à adorer.

LES CAMPS DE LA MORT ET L'ÉLIMINATION DES OPPOSANTS

Les fours crématoires du camp de concentration de Buchenwald, 1945.

Enfin, l'élimination des opposants au régime tient lieu de fer de lance de l'idéologie nazie, au même titre que l'éradication des races inférieures.

La dictature met en place une véritable traque, organisée par des polices d'État comme les SS (*Schutzstaffel* ou « escadron de protection »), les SA (*Sturmabteilung*, « section d'assaut »), ou encore la Gestapo (*Geheime Staatspolizei*, police secrète du Troisième Reich). Les méthodes d'élimination sont radicales : emprisonnement, torture, envoi dans des camps de concentration ou d'extermination principalement en Pologne (Auschwitz) et en Allemagne (Bergen Belsen).

Entre 1933 et 1945, 42 500 camps nazis (détention, concentration, transit, extermination) ont été construits. Les atrocités qui y sont commises dépassent bien souvent l'imagination : stérilisations forcées et expériences médicales mortelles (maintien dans l'eau glacée, injections d'ammoniaque dans les veines...). Les humiliations publiques, la maltraitance physique, le froid, la faim, l'absence d'hygiène rythment le quotidien des prisonniers et font des ravages : 15 à 20 millions de personnes sont victimes de ces camps, mortes de faim, de maladies comme le typhus ou la dysenterie, ou encore asphyxiées dans les chambres à gaz et brûlées dans les fours crématoires.

UNE BRÈVE HISTOIRE DU NAZISME

UN CONTEXTE FAVORABLE AU NATIONALISME

1919. À l'issue de la Grande Guerre, la défaite plonge l'Allemagne dans le désarroi. Le traité de Versailles, signé à contrecœur le 28 juin avec les Alliés, renforce le profond sentiment d'humiliation du peuple germanique : traité de « paix », il condamne l'Allemagne à d'impayables réparations financières, l'ampute de larges territoires et anéantit sa puissance militaire. Entre honte, misère et volonté de renouveau, la contestation gronde. C'est à Munich surtout que naissent de nombreux groupuscules dont le nationalisme tend à se radicaliser. Ils attisent l'agitation.

Parmi eux, le Parti ouvrier allemand ou DAP (*Deutsche Arbeiter Partei*) est fondé le 5 janvier 1905. À sa tête, deux hommes aux idées bien tranchées : Karl Harrer (1890-1926), journaliste, désigné dirigeant du parti, et Anton Drexler, serrurier de profession, chef de la section munichoise.

Adolf Hitler rejoint le DAP au mois de septembre 1919. Il est alors un petit caporal décoré de la Croix de fer que la défaite allemande a rendu amer. Il adhère au parti après avoir assisté à une conférence dont le propos le séduit. Il se lie d'amitié avec Drexler et ce dernier lui confie un fascicule dont il est l'auteur : *Mon Éveil politique*. Hitler se sent en parfaite adéquation avec les idées du parti, particulièrement avec son caractère nationaliste. Dès le 12 septembre, il commence à son tour à prendre la parole en public. Drexler repère son exceptionnel talent d'orateur et lui confie le poste de directeur de la propagande du DAP : Hitler est chargé de convaincre et séduire les futurs adhérents. D'emblée, il fait des succès de foule.

En janvier 1920, Drexler succède à Harrer. Sous la pression d'Hitler, il change le nom du parti : le DAP devient le « NSDAP » (*Nazionalsozialistische Deutsche Arbeiter Partei*, ou « Parti national-socialiste des travailleurs allemands »). Le mouvement nous est plus généralement connu sous le nom de parti nazi (abréviation de *nationalsozialistisch*).

Mais les relations entre Hitler et Drexler ne tardent pas à se dégrader. En 1921, profitant d'un déplacement d'Hitler, son rival l'accuse ouvertement de vouloir accaparer les rênes du parti. Bien mal lui en prend, il se fait aussitôt évincer pour diffamation. Hitler prend alors la tête du NSDAP le 29 juillet 1921 ; Drexler n'y conserve qu'un poste honorifique.

L'ORIGINE DE LA CROIX GAMMÉE NAZIE

C'est dans *Mein Kampf* qu'Hitler expose l'idée d'un symbole fort pour le parti nazi. La croix gammée n'est pas choisie au hasard : elle est déjà l'insigne de l'Ordre des Germains, un groupuscule antisémite lié au parti. Le *svastika*, symbole très ancien et apparaissant dans différentes civilisations à travers le monde, est notamment considéré en Europe comme un symbole aryen. Il est donc repris comme emblème par Hitler, souvent incliné à 45°, avec des couleurs fortes (noir pour la race aryenne, blanc pour le nationalisme, rouge pour le socialisme) pour accentuer encore l'impact visuel. La croix gammée nazie est exposée publiquement pour la première fois le 20 mai 1920 par le NSDAP.

L'EXPANSION DU MOUVEMENT HITLÉRIEN

Désormais seul à la tête du parti politique, Hitler entend bien étendre son influence au plus grand nombre possible. Il réussit à regrouper sous sa coupe toutes les ligues de l'extrême droite de l'Allemagne du Sud et fonde rapidement sa première organisation paramilitaire, la SA (*Sturmabteilung*). Cette « section d'assaut » recrute ses membres par le biais de la création d'une association sportive.

Rien ne semble pouvoir l'arrêter. En 1923 une grave crise monétaire secoue le pays déjà fébrile : la valeur du mark s'affaisse, les prix explosent. Les Allemands s'appauvrissent. Incapable de faire face à sa dette de guerre, l'Allemagne est envahie par les troupes belges et françaises qui entendent exploiter les ressources industrielles de la Rhénanie. Hitler tient là un argument supplémentaire pour convaincre le peuple de s'en remettre à lui. Il dénonce le traité de Versailles et se présente en sauveur du peuple.

En Italie, le succès du fascisme excite l'ambition d'Hitler. Inspiré par la « marche sur Rome » de Mussolini en 1922, il tente également de prendre le pouvoir par la force, le 8 novembre 1923, dans une brasserie de Munich. Mais sa tentative de putsch échoue, et il est condamné pour trahison à cinq ans de prison dans la forteresse de Landsberg.

Benito Mussolini (au centre) durant la marche sur Rome,
octobre 1922.

L'agitateur ne fait finalement que 13 mois de détention, un
temps qu'il met à profit pour rédiger *Mein Kampf*. Dans cet
ouvrage, il expose ses théories ultranationalistes, sa haine
des étrangers et surtout des Juifs et des Tziganes. Il tente
de démontrer qu'il est de la volonté de la nature d'assurer
la suprématie de la pure race aryenne, une fois celle-ci débarrassée de ce qui peut la vicier et grignoter son « espace
vital ». À sa sortie de prison en novembre 1924, Hitler est
résolument décidé à reprendre ses activités de militant politique, à réunifier le parti affaibli par des dissensions internes
et à reconquérir les éventuels adhérents perdus au cours de
son long enfermement.

UNE ASCENSION RAPIDE

Afin d'être sûr de garder le contrôle du parti nazi, et afin de conquérir une classe moyenne plus modérée, Hitler opte un temps pour une stratégie plus douce. Il lisse son discours politique. L'heure n'est d'ailleurs plus à la révolte, alors que la stabilisation du cours du mark a laissé la démocratie s'installer. Il réorganise le parti en février 1925 et s'entoure d'une « brigade de protection », la SS (*Schutzstaffel*), placée sous la direction de Heinrich Himmler.

En parallèle, il s'emploie à développer un culte autour de sa personnalité d'ancien caporal, sachant que la population a besoin d'un dirigeant « fort ». Le NSDAP gonfle progressivement son nombre d'affiliés issus principalement des classes moyennes et bourgeoises, sans parvenir à percer lors des élections de 1928.

Mais en 1929, la grande crise provoque un retour du chômage et de l'inflation. Cette situation fait l'affaire d'Hitler qui promet de restaurer la puissance allemande. Puisque la République est impuissante à résorber les problèmes économiques et sociaux, pourquoi ne pas changer radicalement de régime ? Le NSDAP connaît alors un succès fulgurant : de 176 000 adhérents en 1929, il en compte presque quatre millions en 1931. Décrochant 107 députés aux élections de 1930, il se pose désormais en deuxième parti du Reichstag. D'importantes personnalités assurent Hitler de leur soutien, dont le propagandiste Joseph Goebbels, nommé *Gauleiter* (responsable) de Berlin avec pour mission de conquérir la ville.

À partir de ce moment, toutes les tentatives entreprises pour briser les organisations hitlériennes échouent. Il est trop tard ; l'ascension d'Hitler au pouvoir est inéluctable. La SA multiplie les démonstrations de force, comme des défilés de masse en chemises brunes. Le 30 janvier 1933, après bien des tergiversations, le président Paul von Hindenburg (1847-1934) consent à nommer Hitler chancelier de la République de Weimar.

LE NAZISME AUX MAINS D'ADOLF HITLER

Dans la foulée, Hitler obtient du président von Hindenburg la dissolution du Reichstag ; il veut, par de nouvelles élections fédérales, offrir une majorité incontestable à son parti. À l'issue du scrutin parlementaire du 5 mars 1933, le NSDAP obtient la majorité avec 43,9 % des voix. Hitler est dès lors en mesure de faire voter la « loi des pleins pouvoirs » pour une durée de quatre ans : il a désormais le droit de promulguer des lois sans l'approbation du parlement ni même la signature du président du Reich. La dictature n'est plus loin.

Le parti national-socialiste se révèle d'ailleurs dans sa triste splendeur : sous les discours politiques, c'est une idéologie profondément raciste et inégalitaire qui anime Adolf Hitler et ses sympathisants. Joseph Goebbels (1897-1945), nommé ministre de l'Éducation du Peuple et de la Propagande le 14 mars 1933, est chargé d'en diffuser les préceptes. Bientôt, toutes les dimensions de la vie culturelle seront mises au pas.

Dans sa quête d'absolutisme, Hitler va jusqu'à épurer son propre mouvement. Dans la nuit du 29 au 30 juin 1934, aussi dite la « nuit des Longs Couteaux », une centaine d'opposants, essentiellement membres de la SA, sont passés par les armes : le candidat à la dictature a besoin de calmer les ardeurs d'une organisation dont la violence est devenue encombrante.

En août 1934, après la mort du maréchal Hindenburg, Hitler s'empare des fonctions de chef de l'État, supprime le titre de « président » et s'attribue celui de « *Führer* et chancelier du Reich ». Ainsi le régime glisse-t-il vers une nouvelle forme de légitimité : Hitler ne tient plus son pouvoir d'une mesure constitutionnelle, mais de la prétendue volonté du peuple.

Parade des troupes SA devant Hitler en 1935.

Les religions sont bannies de l'État hitlérien : c'est à un homme, suprême, de façonner le reste des hommes ; à cet élu incombe la tâche de décider du destin de la *Volksgemeinschaft* (« communauté du peuple »). À lui aussi de préserver la supériorité de la race aryenne, appelée à conquérir un empire, en éliminant les éléments impurs : les races inférieures (Juifs, personnes de couleurs), les « tarés » (malades mentaux et homosexuels) et les « asociaux » (Tziganes, mendiants, prostituées, alcooliques).

HITLER, UNE PERSONNALITÉ HORS DU COMMUN

Le personnage d'Adolf Hitler fait couler beaucoup d'encre et, source de tous les fantasmes, nombreuses sont les anecdotes qui circulent sur sa vie privée. Avide de pouvoir et de grandeur, capable de fomenter les pires crimes pour assouvir ses désirs de toute-puissance, l'homme n'appliquait pas qu'aux autres son obsession pour la santé et l'hygiène. Margot Woelk (née en 1917), qui a été une de ses goûteuses officielles durant la Seconde Guerre mondiale, révèle que le *Führer* suivait une hygiène de vie des plus strictes, ne consommant ni viande, ni poisson, ni alcool, ni tabac, se nourrissant exclusivement de produits frais. Elle le dit terrorisé à l'idée que ses plats soient empoisonnés.

Enseigne allemande indiquant : « Les Juifs ne sont pas servis ici. »

La première victime du nazisme est la large communauté juive. Dès lors qu'il a arraché le pouvoir, Hitler réalise les projets de persécutions promis de longue date par le NSDAP. Plus de 400 décrets vont s'enchaîner pour mettre progressivement les Juifs au ban de la société. En avril 1933, les Israélites perdent le droit de pratiquer certaines professions (dans l'administration, la magistrature, les sphères juridiques et médicales). Les universités limitent les inscriptions d'étudiants juifs. En 1935, les « lois de Nuremberg », en particulier la « loi pour la protection du sang et de l'honneur allemands », définissent les règles de l'appartenance juive. Les ordonnances se suivent, de plus en plus liberticides. Progressivement, les Juifs n'ont plus accès aux parcs publics, à certains commerces, aux bibliothèques, aux piscines, aux cinémas, aux centres sportifs. Ils perdent leur nationalité allemande, leurs droits politiques, le droit de se marier avec un citoyen de sang allemand. Leurs industries sont boycottées. Dans de nombreuses villes, des zones sont définies comme « aryennes ». Un couvre-feu est instauré. Les Juifs sont étouffés à domicile.

LES JEUX OLYMPIQUES DE 1936

Si Hitler élabore des règles plus que strictes à l'encontre des Juifs, interdisant jusqu'à l'abattage rituel des animaux pour les empêcher de respecter leurs lois alimentaires, il fait cependant une exception lors des Jeux olympiques de 1936 qui se tiennent à Garmisch-Partenkirchen et à Berlin. Pour ne pas s'attirer les foudres des autres pays et ne pas risquer de voir le tourisme baisser en Allemagne, il assouplit quelque temps auparavant sa politique antisémite, faisant notamment ôter les panneaux qui interdisent aux Juifs de se trouver dans certains lieux. La rigueur à l'égard des Juifs reprend néanmoins son cours à l'issue des Jeux.

Dans la nuit du 9 au 10 novembre 1938, un violent pogrom inaugure la foule d'atrocités commises contre les Juifs tout au long de la future guerre mondiale : partout dans le Reich, des membres de la SA, de la SS, des Jeunesses hitlériennes et de la Gestapo incendient des synagogues et saccagent des commerces juifs. Des centaines d'Israélites sont tabassés, envoyés en camps de concentration ou assassinés.

Cette « nuit de Cristal », dictée par Hitler et organisée par Goebbels, avait pour dessein et eut comme effet d'accélérer la migration des Juifs présents en Allemagne : de 525 000 en 1933, ils ne sont plus que 214 000 en 1939.

À l'automne 1939, le déclenchement de la Seconde Guerre mondiale accélère le processus de liquidation des indésirables. Hitler signe l'autorisation d'en finir avec les « vies inutiles ». Les handicapés mentaux et physiques du Reich sont emmenés dans des chambres à gaz. Cette campagne d'assassinats systématiques, qui sera désignée sous le nom « Aktion T4 » après 1945, pose les prémices de la Shoah.

De leurs côtés, les Juifs subissent toujours plus de pressions : rationnement alimentaire, augmentation des restrictions d'accès aux magasins, réquisitions des biens (postes de radios, bicyclettes, appareils électriques, etc.). Le tout sous prétexte d'« aider à l'effort de guerre ». Le 1er septembre 1941 marque un tournant : un décret ordonne le port d'une étoile jaune à tous les Juifs allemands de plus de 6 ans. Sous peine de déportation, l'insigne doit être cousu solidement et être porté de façon visible : il désigne les Juifs à la haine de la communauté.

Homme portant l'étoile juive. Allemagne, 1941.

LA « SOLUTION FINALE »

Depuis qu'ils ont envahi la Pologne en 1939, depuis surtout qu'ils ont envahi l'Union soviétique en juin 1941, les nazis ont procédé à des tueries de masse à l'encontre des populations juives dites « bolcheviques ». Les *Einsatzgruppen* (« groupes d'intervention ») ont d'abord éliminé hommes, femmes et enfants par fusillade (on parle de la « Shoah par balles ») avant d'adopter un mode d'exécution moins cher et plus supportable pour les bourreaux : les victimes sont enfermées dans un camion et tuées par asphyxie au gaz d'échappement.

Dans le courant de l'automne 1941, le régime d'Adolf Hitler décide officiellement d'exterminer la totalité des Juifs d'Europe. Il ne s'agit plus seulement de réaliser un « judéocide » localisé à l'Est, mais de planifier un génocide industriel à l'échelle européenne. Le chef de la SS, Heinrich Himmler, se voit confier la mise en pratique de cette « solution finale » qui devra concerner environ 11 millions de Juifs européens (y compris des Juifs britanniques ou suisses, en dehors des zones occupées). L'histoire retient la conférence de Wannsee, qui s'est tenue le 20 janvier 1942 dans la banlieue de Berlin, au cours de laquelle les hauts dignitaires nazis discutèrent de l'organisation administrative, technique et économique de l'holocauste. Adolf Eichmann, haut fonctionnaire du Reich, y est nommé « administrateur du transport ».

LES CAMPS DE LA MORT

Commencent alors les grandes rafles, en Allemagne comme dans les pays occupés, pour saisir les Juifs avant de les déporter. Par familles entières, ils sont acheminés dans des wagons à bestiaux vers les six camps d'extermination ouverts entre la fin de l'année 1941 et le début de l'année 1942. Chelmno, Sobibor, Treblinka, Belzec, Majdanek et Auschwitz-Birkenau viennent ainsi compléter le dispositif déjà lourd de camps de concentration et de détention qui débordent de prisonniers politiques et de représentants des « races inférieures ».

L'objectif est de tuer à grande échelle. À la sortie des trains, la sélection est rapide. Les plus faibles (personnes âgées, enfants, etc.) sont immédiatement invités à « prendre une douche ». Nus, ils sont alors asphyxiés par fournées de 150 dans des « chambres à gaz ». Ceux qui échappent à la sélection travaillent jusqu'à la mort par épuisement. Les conditions de détentions, insoutenables, sont décrites par quelques rescapés dont Primo Lévi (1919-1987) dans son célèbre ouvrage *Si c'est un homme* (1947). Certains prisonniers sont intégrés dans les *Sonderkommandos* (« les commandos du crématoire ») et sont forcés de participer à la « solution finale » : ils récupèrent les cadavres de leurs congénères, arrachent leurs dents en or et les transportent jusqu'aux fours crématoires. L'historiographie estime qu'entre cinq et sept millions de Juifs sont morts dans les camps d'extermination.

Jeune membre de la Jeunesse nationale-socialiste danoise. Copenhague, juin 1941.

Le nazisme et son impératif d'« espace vital » sont à l'origine d'une Seconde Guerre mondiale, après la « Der des der ».

Dès 1940, Hitler étend sa domination sur une douzaine de pays européens. La France est ainsi occupée jusqu'en 1944. Elle fait également les frais de la politique raciale du régime nazi. Comme en Allemagne, la population française est « épurée » des « ennemis » du régime : communistes, résistants, francs-maçons, Juifs sont traqués par les SS ou par des milices françaises agissant sous les ordres de l'occupant. Ils subissent le même sort que celui réservé aux persécutés allemands. Certaines rafles demeurent à jamais tristement célèbres : la rafle des enfants d'Izieu par la Gestapo (44 enfants déportés le 6 juin 1944, tous exterminés), ou la rafle du Vel' d'Hiv' (13 000 Juifs parisiens arrêtés le 16 juillet 1942). Klaus Barbie est le chef de la section de Lyon de la Gestapo, et contribue ainsi à la mort par déportation de plusieurs centaines de Juifs.

Klaus Barbie ainsi que de nombreux autres participants plus ou moins haut placés dans le régime du Troisième Reich sont finalement jugés après la fin de la Seconde Guerre mondiale lors du procès de Nuremberg (20 novembre 1945-1er octobre 1946). Le nazisme est désormais devenu illégal au sens juridique du terme, et avoir participé d'une manière ou d'une autre à la mise en œuvre des idéaux qu'il a servis est passible de prison à vie, voire de peine de mort.

LES PERSONNALITÉS EMBLÉMATIQUES DU NAZISME

- 37 -

ANTON DREXLER, LE COFONDATEUR

Anton Drexler.

Né le 13 juin 1884 à Munich, Anton Drexler est un homme politique allemand, cofondateur et leader du NSDAP de 1919 à 1921. Bavarois aux tendances nationalistes, il a longtemps travaillé comme régleur de machines avant de devenir serrurier. Lors de la guerre de 1914-1918, il est déclaré inapte au combat, ce qui lui sera reproché plus tard. Son parcours politique est assez mal connu ; cependant, il apparaît qu'avec la guerre, Drexler est convaincu par les idées ultranationalistes des grands bourgeois propriétaires fonciers qu'il côtoie.

Drexler prend alors la direction à Munich d'organisations ouvrières destinées, sous l'impulsion des milieux nationalistes pangermanistes (qui visent la réunion de tous les peuples germaniques en une seule nation), à tenter de convertir la classe ouvrière au nationalisme, au détriment du marxisme qui préexistait. Début 1918, il crée le *Freier Arbeiterausschuss für einen guten Frieden* (le « Comité libre des Travailleurs pour une paix juste ») à Munich.

Le 5 janvier 1919, il fonde le DAP (Parti ouvrier allemand) avec Karl Harrer. Ce dernier prend la tête du parti et Drexler se voit attribuer la direction de la section munichoise. Il est également l'auteur de *Mon Éveil politique*, un ouvrage où il expose ses idées nationalistes, antisémites et socialistes, à la base même du DAP.

Premier président du NSDAP rapidement évincé par Hitler en 1921, il y conserve un poste honorifique jusqu'en 1923, année où il est exclu du parti. Réintégré en 1933, il n'a cependant plus aucune influence au NSDAP. Il meurt le 24 février 1942 à Munich où il vivait retiré.

ADOLF HITLER, LE VISAGE CENTRAL

Hitler en 1927.

Né le 20 avril 1889 à Braunau Am Inn, Autrichien issu d'une famille modeste, Hitler est très tôt sensibilisé au monde de l'art dans lequel, malgré ses efforts, il ne parvient pas à percer. Rapidement proche des groupuscules nationalistes allemands, brillant orateur, il devient dès 1921 chef du parti extrémiste NSDAP.

Il dirige toute l'Allemagne à partir de janvier 1933, grâce à son titre de chancelier du Troisième Reich, puis de *Führer* (« guide »). Il met aussitôt en place une politique de remilitarisation qui se veut revancharde face à la défaite de 1918, ainsi qu'une politique anticommuniste, raciste et antisémite. À partir de 1938, Hitler, chef de la *Wehrmacht* (l'armée allemande), se lance dans l'annexion de plusieurs territoires, dont l'Autriche et la Pologne, afin de conquérir l'« espace vital » de la race aryenne. Pendant la Seconde Guerre mondiale, il ordonne aussi l'extermination systématique des Juifs.

Après le débarquement des Alliés en juin 1944, le sort de l'Allemagne semble ficelé, mais Hitler s'entête. Au mois de juillet, il est la cible d'un attentat orchestré par des militaires désireux de négocier avec les Alliés (« l'opération Walkyrie », signe tangible d'une résistance allemande accrue). Le 30 avril 1945, dans la capitale berlinoise assiégée par les forces soviétiques, refusant d'abdiquer, le *Führer* se suicide dans son bunker – les circonstances de ce décès restent controversées.

Heinrich Himmler en 1938.

Heinrich Himmler voit le jour le 7 octobre 1900 à Munich dans une famille catholique très pratiquante. Fils de professeur, il est aussi le filleul du prince Heinrich de Bavière

(1884-1916), de qui il tient son prénom. Devenu ingénieur en agronomie à l'âge de 21 ans, il commence à s'intéresser à la politique et intègre le NSDAP en août 1923. La même année, il participe au putsch de Munich mais n'est pas inquiété. En 1925, il travaille en collaboration avec Joseph Goebbels et intègre la SS qu'Hitler vient de créer.

Himmler voue alors à ce dernier une admiration sans bornes et une fidélité à toute épreuve. Il ne fait pas pour autant partie de ses amis intimes. Progressivement, il grimpe dans la hiérarchie du NSDAP, jusqu'à être désigné chef de la SS le 6 janvier 1929. Il en organise la police (Gestapo), le système concentrationnaire, l'armée, etc. Il ne recule devant rien pour satisfaire les ambitions de son *Führer*. Chef de toutes les polices en 1938, il est promu ministre de l'Intérieur en 1943. Il a alors la responsabilité des camps de concentration et d'extermination, ce qui lui vaut, dans l'historiographie allemande, le surnom de *Jahrhundertmörder* (« le meurtrier du siècle »).

En 1944, sachant proche la fin du *Führer*, il confie au comte Bernadotte (diplomate suédois, 1895-1948), alors vice-président de la Croix-Rouge suédoise, qu'il est prêt à négocier un armistice avec l'Angleterre et les États-Unis, à la condition que l'Allemagne puisse continuer à combattre l'URSS. Hitler l'apprend et, fou de rage, contribue à son arrestation par les Anglais en le forçant à fuir. Il finit par se suicider le 23 mai 1945, échappant par là au procès de Nuremberg.

JOSEPH GOEBBELS, L'ARTISAN DE LA PROPAGANDE

Joseph Goebbels.

C'est au sein d'une famille catholique modeste que Joseph Goebbels grandit depuis sa naissance, le 29 octobre 1897 à

Rheydt, en Rhénanie. Une malformation congénitale le fait très tôt boiter, ce qui ne l'empêche pas de s'épanouir dans les études. En 1922, il décroche un doctorat en philosophie. Il aspire à une carrière littéraire, mais c'est la politique, domaine où il excelle, qui lui tend les bras. Initié très vite au national-socialisme, il débute comme rédacteur en 1924 pour un journal hebdomadaire, le *Völkische Freiheit*, en accord avec ses convictions.

En 1926, il est nommé *Gauleiter* de Berlin avec la mission d'y imposer le NSDAP. Son ascension est rapide : en avril 1930, Hitler le promeut à la tête de la direction nationale de la Propagande, un rôle qui l'amène à mettre en œuvre les principes du *Führer*. Il s'y emploie avec tant de zèle et de succès qu'en 1933, une fois les nazis au pouvoir, le nouveau ministère de l'Éducation du Peuple et de la Propagande lui est attribué.

Goebbels se révèle un propagandiste hors pair : interdisant toute source d'information extérieure, il réussit à encadrer totalement la vie intellectuelle, artistique et culturelle de la population allemande soumise au régime nazi d'Hitler. Rien ne lui échappe : films, documentaires, lectures autorisées, affiches, musique, tout est pensé à la gloire du Troisième Reich et au service des intérêts du *Führer*. Il est ironique de voir cet homme plus petit que la moyenne, boiteux et au physique disgracieux, dicter les normes de beauté de la race aryenne...

Durant la Seconde Guerre mondiale, il est d'une aide imparable pour remonter le moral des soldats allemands. Très proche ami d'Hitler, il ne supporte pas son suicide en

1945, pas plus que sa femme, fervente partisane du régime. Le couple décide donc, le 1er mai 1945, de se donner la mort après avoir tué ses six enfants.

ADOLF EICHMANN, LA TÊTE DE LA « SOLUTION FINALE »

Adolf Eichmann en 1942.

Né le 19 mars 1906 à Solingen, en Allemagne, Karl Adolf Eichmann passe une partie de son enfance en Autriche où il suit à sa majorité des études d'ingénierie mécanique. Peu doué en la matière, il retourne rapidement en Allemagne où il noue des premiers contacts avec d'obscurs groupuscules antisémites et anarchistes.

Il fait son entrée au NSDAP le 1er avril 1932 et intègre la SS. Il se démarque rapidement, enchaînant les promotions. En 1935, il commence déjà à s'occuper des « affaires juives » au sein du SD (*Sicherheitsdienst*), le service de renseignements de la SS. En 1938, il est envoyé à Vienne pour y organiser l'« émigration forcée » des Juifs d'Autriche. Il va jusqu'à apprendre le yiddish et l'hébreu pour mener à bien sa mission.

Eichmann continue de grimper les échelons jusqu'à être désigné à la tête d'une section du RSHA (le bureau central de sécurité du Reich) consacrée aux affaires juives et à l'évacuation. Dès le début de la guerre, l'officier nazi est associé de près à l'organisation de la « solution finale ». En 1942, il est nommé administrateur du transport, un poste qui l'amène à organiser la déportation des Juifs vers les camps de la mort.

Interné en 1945 par l'armée américaine, il parvient à s'évader et échappe ainsi au procès de Nuremberg. L'ancien nazi se cache quelque temps en Allemagne avant de s'installer à Buenos Aires où il vivra dix années en toute tranquillité sous un faux nom. Le 11 mai 1960, il est capturé et enlevé par les services secrets israéliens du Mossad. Jugé à Jérusalem, il est condamné à mort et pendu le 1er juin 1962. Son procès, extrêmement médiatisé, a donné lieu à de nombreux débats sur la responsabilité des fonctionnaires nazis et des Juifs dans l'holocauste. Dans son ouvrage *Eichmann à Jérusalem* (1963), la philosophe juive allemande Hannah Arendt développe le concept de « banalité du mal » autour de la figure d'Eichmann.

KLAUS BARBIE, « LE BOUCHER DE LYON »

Klaus Barbie naît le 25 octobre 1913, en Allemagne, près de Bonn. Membre de la section de renseignements de la SS en 1935, il adhère au parti nazi en 1937. Il dirige de nombreuses rafles, notamment aux Pays-Bas, à Amsterdam. Sous le régime de Vichy, lors de l'occupation allemande en France, il est nommé chef de la Gestapo à Lyon. Il continue d'y organiser des déportations massives, notamment la rafle de 44 enfants cachés dans une école à Izieu, jusqu'en 1944. Il fait également arrêter et torturer de nombreux résistants comme Jean Moulin, le 21 juin 1943 à Caluire en banlieue lyonnaise. Le bilan de ses actions menées dans la région de Lyon est extrêmement lourd : plus de 10 000 arrestations, 1 046 personnes fusillées, et 6 000 morts ou disparus.

Après la défaite allemande de 1945, Barbie échappe à son jugement par deux fois en s'enfuyant en Amérique latine où il prend la nationalité bolivienne sous le faux nom de Klaus Altman. Poursuivi pour crime contre l'humanité, il est finalement expulsé vers la France en 1983. Jugé par la Cour d'assises de Lyon, reconnu coupable de 17 chefs d'accusation, il est condamné le 4 juillet 1987 à la prison à perpétuité. Il meurt le 25 septembre 1991 à Fort Monluc où il purgeait sa peine.

LE NAZISME AUJOURD'HUI

JUGER ET PUNIR

L'accord de Londres et le procès de Nuremberg

À la fin de la Seconde Guerre mondiale, en 1945, le régime nazi et toutes les idéologies s'en inspirant sont déclarés illégaux lors d'un accord entre les gouvernements alliés. Les traités entre les États-Unis, l'Angleterre, l'URSS et la France prévoient également de juger et punir les criminels du régime nazi pour l'atrocité de leurs crimes.

> ## LA CHARTE DE LONDRES
>
> À la fin de la Seconde Guerre mondiale, les États-Unis, le Royaume-Uni, l'URSS et la France se réunissent pour statuer sur les châtiments à appliquer aux nazis. Le 8 août 1945, ils signent l'accord de Londres, qui institue un Tribunal militaire international pour juger les criminels de guerre. Les fonctions de ce tribunal sont définies dans un document annexe à l'accord : la charte de Londres, ou statut du Tribunal militaire international.

Le procès de Nuremberg se tient du 20 novembre 1945 au 1er octobre 1946. Les principaux responsables du Troisième Reich y sont accusés de complot, de crimes contre la paix, de crime de guerre et de crimes contre l'humanité. Parmi les prévenus se trouvent notamment Rudolph Hess (1894-1987), successeur désigné d'Hitler, ou encore Wilhelm

Keitel (1882-1946), chef du commandement suprême de la *Wehrmacht*. À l'issue de ce procès spectaculaire, 12 accusés sont condamnés à mort, dont Hermann Göring (1893-1946), commandant en chef de la *Luftwaffe*, qui se pend dans sa cellule avant l'exécution de la sentence. Sept condamnés sont placés en détention et trois prévenus sont acquittés.

Hermann Göring durant le procès de Nuremberg.

Les quatre principales organisations nazies sont également déclarées coupables : le NSDAP, la SS, le SD, et la Gestapo. Nul besoin d'avoir commis soi-même des crimes : le simple fait d'avoir fait partie de ces organismes constitue déjà une faute en soi.

Ce procès a eu de nombreuses répercussions jusqu'à nos jours. En effet, la notion de prescription, qui a fait si peur à toutes les familles de victimes, a été contournée par le vote universel d'une loi d'imprescriptibilité des crimes contre l'humanité (le 26 décembre 1964 en France). Cela a permis l'arrestation tardive en bonne et due forme de criminels comme Klaus Barbie ou Maurice Papon (homme politique français, accusé de complicité de crimes contre l'humanité, 1910-2007).

Hélas, très nombreux demeurent les criminels nazis qui sont parvenus à se cacher ou à s'enfuir, et n'ont par conséquent pas été arrêtés ni jugés. Certains ont ainsi pu couler des jours heureux loin de tout risque de procès, d'autres ont pu rester tranquillement dans leur pays et mener une vie normale ; ainsi, certains anciens criminels nazis ont continué leurs carrières d'avocats ou de médecins bien longtemps après la guerre.

La notion de crime contre l'humanité

Le procès de Nuremberg est capital pour son rôle pionnier en matière de justice internationale. Il introduit, pour la première fois, le chef d'accusation de « crime contre l'humanité ». Défini comme « une violation délibérée et ignominieuse des droits fondamentaux d'un individu ou d'un groupe d'individus inspirée par des motifs politiques, philosophiques, raciaux ou religieux », selon l'article 6c de la charte de Londres, le crime contre l'humanité est corrélatif au terme de génocide, lui-même créé en 1945 par les Nations unies pour désigner les actes commis dans l'intention de détruire tout ou partie d'un groupe ethnique, racial ou re-ligieux. Cette notion sera reprise plus tard dans le XXe siècle lors d'autres procès.

NAZISME OU HITLÉRISME ?

Une interrogation survient fréquemment lorsqu'il est question de la personnalité d'Adolf Hitler : l'idéologie nazie a-t-elle été le moteur de la façon de penser du *Führer*, ou l'homme a-t-il façonné son époque ? Plus simplement, Hitler a-t-il ouvert une brèche dans le système politique existant ou s'est-il engouffré dans une tendance déjà dans l'air du temps ? Le nazisme aurait-il existé sans Hitler ? Sous quelle forme ?

De nombreux théoriciens se posent encore aujourd'hui la question, déjà évoquée par les psychiatres convoqués au procès de Nuremberg. Déjà en 1953, Alan Bullock (historien Britannique, 1914-2004) expliquait la folie d'Hitler par un simple opportunisme social nourri d'un darwinisme grossier. Au cours des années 1990, pas moins de 12 biographies du *Führer* ont vu le jour, avec des suppositions diverses et variées : volonté de déification personnelle, anarchie auto-destructrice, etc. D'autres ont écrit que la fascination pour le personnage s'est moins traduite dans sa personnalité que dans le regard que des millions d'adorateurs ont porté sur lui, lui offrant une pleine légitimité.

Il serait bien hasardeux de tenter de répondre catégorique-ment à ces questionnements. Néanmoins, on peut affirmer que la fascination exercée par le brillant orateur a pour beau-coup contribué à la tournure qu'a prise le drame du nazisme en Allemagne. Sa personnalité charismatique, sa capacité à toujours s'autolégitimer, sa volonté de toute-puissance et ses ambitions destructrices ont fait de l'idéologie nazie et de son parti les instruments des abominables crimes commis sous sa tutelle.

UNE FASCINATION PERSISTANTE

Malgré la reconnaissance du nazisme comme mouvance politique illégale par l'ONU, l'antisémitisme et la haine raciale qu'il prônait n'ont pas disparus pour autant. Aujourd'hui encore, de nombreux groupuscules qualifiés de néonazis continuent de se former en France, en Allemagne et ailleurs dans le monde. Ils reprennent à leur compte les anciennes idées politiques d'Adolf Hitler, notamment ses idéaux racistes à l'encontre des étrangers. Certains de ces groupes sont favorables à la violence, d'autres non. Certains nient l'existence des camps nazis (on parle de négationnisme), d'autres reconnaissent leur caractère criminel et prônent le retour à un national-socialisme délesté des camps de concentration.

L'effacement des preuves des horreurs commises par les criminels nazis est un point crucial de la vision qu'en a l'humanité aujourd'hui ; c'est ce qui permet l'existence du négationnisme, maintes fois été évoquée ces dernières décennies. Dès 1943, des camps entiers ont été rasés par les membres du parti eux-mêmes, et des fouilles archéologiques poussées ont été nécessaires pour retrouver les traces de certaines infrastructures. C'est notamment le cas du camp de Treblinka, dont les chambres à gaz ont été détruites et dont les charniers étaient si remplis que des prisonniers ont été missionnés par les nazis pour les rouvrir et incinérer totalement les corps débordants. Au final, il ne subsiste que très peu de preuves concrètes de ce génocide. Celles-ci sont avant tout orales, émanant des témoignages de déportés ou d'anciens militaires nazis. Il est alors aisé pour les groupuscules néonazis d'aujourd'hui de nier le génocide juif, faute de preuves « suffisantes ».

Certains de ces groupes revêtent un aspect très politisé, en opposition avec les démocraties actuelles, tandis que d'autres s'inscrivent plus dans une mouvance de rébellion générale face à la société d'aujourd'hui, avec une volonté de changer le monde dans sa globalité, pas uniquement d'un point de vue politique.

Si les idéaux nazis anciens persistent aujourd'hui encore, c'est aussi parce qu'il s'agit d'une idéologie fascinante, voire obsessive. Nombreux sont ainsi ceux qui collectionnent les objets témoins d'une période révolue et transgressive. Il s'agit de passer la barrière de l'ultime tabou, dans une société qui tend à généraliser la démocratie et à inculquer le devoir de mémoire aux générations descendantes. Le signe le plus visible de cette fascination est l'extraordinaire densité de la littérature et du cinéma, dont pléthore d'œuvres sont consacrées à ce sujet.

Nous ne nous lancerons pas ici dans une analyse poussée de telles tendances, qui devrait être à la fois psychologique, sociale, et politique, donc bien trop complexe pour la comprendre totalement. Cela reviendrait à analyser ce qui peut pousser l'être humain à vouloir s'approcher de la violence extrême, de la destruction de l'autre, de la négation de l'être humain.

EN RÉSUMÉ

- Le nazisme, ou national-socialisme, est une idéologie qui regroupe des aspects politiques, philosophiques et sociaux reposant avant tout sur un sentiment ultranationaliste d'extrême droite.

- La doctrine nazie est radicale : elle prône la suprématie de la race aryenne, qualifiée de « race pure », sur le reste des populations. Elle vise l'élimination des éléments susceptibles de la « dégénérer » : Juifs, Tziganes, handicapés, homosexuels, ethnies non germaniques en général. L'idée d'épurer la population allemande et de lui offrir un « espace vital » est la clef de voûte de cette idéologie clairement raciste.

- Le nazisme est un courant politique qui apparaît après la défaite allemande de 1918, dans un contexte d'humiliation renforcée par l'occupation des troupes alliées. Fondé en 1919, le parti DAP (puis NSDAP en 1921) est le parti par excellence de la mouvance nazie. Cette montée de l'extrême droite dans l'entre-deux-guerres n'est pas propre à l'Allemagne : elle est présente aussi notamment en Italie, avec le fascisme mussolinien, né en réaction au capitalisme défaillant des démocraties libérales.

- Le nazisme est une idéologie forte qui s'implante rapidement dans un contexte de grave crise économique et sociale. Promesse de renouveau, de changement radical, il redonne espoir aux populations qui ont perdu confiance en leurs gouvernements antérieurs. Le succès du nazisme est assuré par le charisme de ses leaders, brillants orateurs capables de séduire les foules et de les rallier à leur discours politique. Adolf Hitler en est l'exemple même.

- Devenu chancelier du Reich en janvier 1933, autoproclamé *Führer* à la tête de l'Allemagne quelques mois plus tard, Hitler met en place la vision du nazisme qu'il avait exposée dans son ouvrage, *Mein Kampf*, rédigé alors qu'il était emprisonné en 1923-1924. Il se sert avant tout de la propagande pour embrigader un peuple qu'il prive d'alternatives : le parti nazi est le seul autorisé en Allemagne, et tout opposant à la doctrine est menacé d'internement en camp de concentration.

- Le nazisme a mené à la Seconde Guerre mondiale. À la fin du conflit, il laisse derrière lui un lourd bilan : environ six millions de morts, dont 75 000 Français, dans les camps de concentration et d'extermination, notamment à cause de la « solution finale » mise en place dès 1944.

- Le nazisme est taxé d'« illégalité » en 1945. Son procès fait apparaître pour la première fois les notions de « génocide » et de « crime contre l'humanité ».

Votre avis nous intéresse !
Laissez un commentaire sur le site de votre librairie en ligne
et partagez vos coups de cœur sur les réseaux sociaux !

POUR ALLER PLUS LOIN

SOURCES BIBLIOGRAPHIQUES

- AYCARD (Mathilde) et VALLAUD (Pierre), *Hitler contre Berlin 1933-1945*, Paris, Perrin, 2015.
- AZIZ (Philippe), *Les médecins de la mort*, tomes 1 à 4, Genève, Famot, 1974.
- AZIZ (Philippe) (dir.), *Le trésor nazi. Qui l'a constitué ? À qui profite-t-il ?*, Paris, Historama, hors-série n° 31, 1978.
- HALTER (Marek), *Les révoltés de la Shoah. Recueil de témoignages et récits*, Paris, Omnibus, 2010.
- HITLER (Adolf), *Mein Kampf. Mon Combat*, Paris, Nouvelles Éditions Latines, 1979.
- LEVISSE TOUZÉ (Christine), *Paris libéré, Paris retrouvé*, Paris, Gallimard, 1994.
- MOURRE (Michel), *Le Petit Mourre. Dictionnaire d'histoire universelle*, Paris, Bordas, 2004.
- WITTMAN (Robert) et KINNEY (David), *Le Journal du Diable. Les secrets d'Alfred Rosenberg, le cerveau d'Hitler*, Paris, Éditions de Noyelles, 2016.

SOURCES COMPLÉMENTAIRES

- ARENDT (Hannah), *Eichmann à Jérusalem*, 2e éd., Paris, Gallimard; coll. « Folio Histoire », 1997.
- BURRIN (Philippe), *Fascisme, nazisme, autoritarisme*, Paris, Seuil, 2000.
- CHAPOUTOT (Johann), *La loi du sang. Penser et agir en nazi*, Paris, Gallimard, 2014.
- GUÉNO (Jean-Pierre), *Paroles d'étoiles. Mémoire d'enfants*

cachés 1939-1945, Paris, Radio France, 2002.

- KERSHAW (Ian), *Qu'est-ce que le nazisme ? Problèmes et perspectives d'interprétation*, Paris, Gallimard, 1992.
- KERSHAW (Ian), *L'opinion allemande sous le nazisme : Bavière 1933-1945*, Paris, CNRS Éditions, 1995.
- OVERY (Richard) et al., *Atlas historique du IIIe Reich. 1933-1945 : La société allemande et l'Europe face au système nazi*, Paris, Autrement, 1999.
- POBLETE (Maria), *Lucie Aubrac : « Non au nazisme »*, Arles, Actes Sud, 2008.

FILMS ET DOCUMENTAIRES

- *Jusqu'au dernier. La Destruction des Juifs d'Europe*, film en huit volets réalisé par William Karel et Blanche Finger, France, 2015.
- *La Vague*, film réalisé par Dennis Gansel, avec Jürgen Vogel, Allemagne, 2009.
- *La Chute*, film réalisé par Olivier Hirschbiegel, avec Bruno Ganz, Alexandra Maria Lara, Allemagne, 2005.
- *Hitler. La Naissance du mal*, film réalisé par Christian Duguay, avec Robert Carlyle, Stockhard Channing, Jena Malone, Canada-USA, 2003.
- *Shoah*, film réalisé par Claude Lansmann, France, 1985.

SOURCES ICONOGRAPHIQUES

- Hitler, chancelier de la République de Weimar, s'adresse au *Reichstag*, l'assemblée législative allemande, le 23 mars 1933. Lors de cette session, il fait voter la loi d'habilitation, ou loi des pleins pouvoirs, par laquelle il peut désormais promulguer des textes législatifs sans passer par l'approbation du *Reichstag*. La photo reproduite est jugée libre de droits.

- Affiche de propagande antichristianisme. La photo reproduite est jugée libre de droits.
- Congrès de Nuremberg, 1934. La photo reproduite est jugée libre de droits.
- Membres de la *Bund Deutscher Mädel* faisant de la gymnastique, 1941. La photo reproduite est jugée libre de droits.
- Affiche de propagande nazie, 1938 : « Le NSDAP veille sur la communauté du peuple. Camarades, si vous avez besoin de conseils ou d'aide, tournez-vous vers la branche locale du parti. » La photo reproduite est jugée libre de droits.
- Les fours crématoires du camp de concentration de Buchenwald, 1945. La photo reproduite est jugée libre de droits.
- Benito Mussolini durant la marche sur Rome, octobre 1922. La photo reproduite est jugée libre de droits.
- Parade des troupes SA devant Hitler en 1935. La photo reproduite est jugée libre de droits.
- Enseigne allemande indiquant : « Les Juifs ne sont pas servis ici. » Musée juif de Berlin. La photo reproduite est jugée libre de droits.
- Homme portant l'étoile juive. Allemagne, 1941. La photo reproduite est jugée libre de droits.
- Jeune membre de la Jeunesse nationale-socialiste danoise, Copenhague, juin 1941. La photo reproduite est jugée libre de droits.
- Anton Drexler. La photo reproduite est jugée libre de

droits.

- Hitler en 1927, par le photographe Heinrich Hoffmann, Deutsches Bundesarchiv. La photo reproduite est jugée libre de droits.
- Heinrich Himmler en 1938. La photo reproduite est jugée libre de droits.
- Joseph Goebbels. La photo reproduite est jugée libre de droits.
- Adolf Eichmann en 1942. La photo reproduite est jugée libre de droits.
- Hermann Göring durant le procès de Nuremberg. La photo reproduite est jugée libre de droits.